MARIHUANA EN INTERIOR
El sencillo arte del cultivo

Título original:

Easy Marijuana Gardening

by Ed Rosenthal

Castellarte, S.L.
E-11350 Castellar de la Frontera
www.castellarte.es

Traducción: Alfonso de la Figuera

ISBN: 84-921001-8-4
Depósito legal: B-11.380-2002
Impresión: Torres i Associats, s.l.
Tel. 93 414 75 33

Fotos de los productos: © Larry Utley, Pepper Design Studio
Fotos de las variedades de Sensi Star por cortesía de Paradise Seeds:
© Paradise Seeds
Todas las demás fotos: © Ed Rosenthal
Ilustraciones de J.E. McCreary

El material presentado en este libro se ofrece como información que debe estar al alcance del público. El editor no recomienda infringir la ley. En cualquier caso, invitamos a los lectores a apoyar el cambio hacia una legislación justa sobre la marihuana.

MARIHUANA EN INTERIOR
El sencillo arte del cultivo

por Ed Rosenthal

Índice

"Ya sea una caja llena de lluvia o una cinta para el pelo,
tómala si la necesitas; si no, déjala en su sitio."
("It's just a box of rain or a ribbon for your hair,
Take it if you need it, if not just leave it there")

Extraído de *Box of Rain* (*Caja de lluvia*),
por cortesía de The Grateful Dead.

Este libro está dedicado a Kahlil Gibran y Anton Rosenberg.

Introducción

Marihuana en interior, el sencillo arte del cultivo se basa en dos dichos: "Una imagen vale más que mil palabras" y "Ver para creer". Está escrito para aquellos que quieren saber cómo cultivar un pequeño jardín, pero no están interesados en convertirse en botánicos aficionados. Partiendo básicamente de fotos e ilustraciones muy claras, este libro enseña cómo conseguirlo.

La mayoría de instalaciones que se presentan en libros y revistas proceden de empresas comerciales. Sin embargo, la mayor parte de la sinsemilla que se consume en los Estados Unidos procede de cultivadores aficionados que emplean espacios reducidos en sus propias casas. Este libro echa un vistazo tras las puertas y cortinas de instalaciones particulares para reflejar exactamente cómo se ha hecho.

Primera fase

Cómo empezar

El lugar adecuado

Una de las elecciones más importantes que hay que hacer con respecto al jardín es su emplazamiento. Esta sencilla elección es de gran importancia de cara al éxito y a la facilidad o dificultad de su mantenimiento. El lugar adecuado requiere unas condiciones básicas:

Ventilación:

Se requiere una corriente de aire. Puede ser sencillamente una puerta.

Electricidad:

Debe disponer de acceso a las tomas adecuadas. Debe calcularse el circuito de tal manera que pueda soportar una intensidad de corriente superior a la necesaria. No se trata sólo de que una subida de tensión pueda hacer saltar la instalación, sino que, además, se podría ocasionar un incendio. Para una explicación más detallada, ver la página 9.

Altura mínima:

Las plantas, en su madurez, alcanzan una altura de 15 a 36 pulgadas [38 a 90 cm]. El recipiente añade de 6 a 8 pulgadas [15 a 20 cm] a la altura de la planta. La distancia entre las plantas y los focos debe ser de alrededor de 15 a 20 pulgadas [38 a 50 cm]. Finalmente, las lámparas tienen una profundidad de 8 a 10 pulgadas [20 a 25 cm]. En consecuencia, la altura óptima para un jardín habrá de ser de 6 pies [1,8 m], aunque, debidamente preparado, se puede apañar un jardín en un espacio de sólo 4 pies y medio [1,4 m] de altura.

Area mínima:

No necesitamos mucho espacio para el jardín. Lo mínimo absolutamente imprescindible es un espacio de 2 pies de lado [0,6 m]. La mayoría de los jardines disponen de 16 a 100 pies cuadrados [1,5 a 9 m^2].

Agua:

No se requiere una toma de agua directa en la habitación. Basta con que esté cerca.

Este jardín ocupa toda la habitación. Esta mide aproximadamente 8 × 8 pies [2,5 × 2,5 m], 64 pies cuadrados [6 m²].

Aquí se ha empleado parte de una habitación. La piscina infantil previene posibles derramamientos de agua que podrían dañar el suelo.

Este vestíbulo cerrado mide casi 4 pies [1,2 m] de ancho, y 10 [3 m] de largo. Dispone de ventilación en ambos extremos de la habitación.

Este armario reúne todos los requisitos especificados. Nótese la diferencia del principio al final del ciclo, que dura entre dos meses y medio y tres. Las plantas de la foto inferior están en la cuarta semana de floración, aproximadamente seis semanas después de ser trasplantadas.

Materiales necesarios

Las herramientas básicas, como jabón, productos de limpieza, martillo, destornillador, guantes de jardinero y tijeras de podar o cizallas, no se incluyen en esta lista. Antes de comprar nada, es mejor echar un vistazo al libro. Cada sistema requiere algunos componentes básicos, pero las diferentes opciones de instalación presentadas en este libro utilizan diferentes materiales. El emplazamiento puede exigir pocas adaptaciones, o necesitar de algún material adicional. Esta relación debería cubrir casi todas las necesidades del jardín.

La instalación básica:

_____Material reflectante o pintura antifúngica (p. 8)
_____Ventilador (p. 15)
_____Pantallas para los focos (p. 11)
_____2 temporizadores (pp. 11 y 16)
_____Bandeja de germinación, como la Oasis™ (p. 24)
_____Un calentador para la bandeja de germinación (p. 25)
_____Palitos de bambú
_____Modificadores del pH
_____Cera
_____Lámparas de alta presión de sodio (HPS, p. 10)
_____Reflector para las luces
_____Ionizador o generador de ozono (p. 19)
_____Bandeja de germinación
_____Semillas o esquejes (p. 21)
_____Medidor de pH

Materiales adicionales:

_____Acondicionador de aire (p. 17)
_____Deshumidificador (p. 18)
_____Extractor (p. 16)
_____Reflector para el aire acondicionado (p. 14)
_____Termostato externo
_____Higrómetro externo
_____Conducto para el extractor
_____Ventilador y conductos para el reflector

¿Orgánico o hidropónico?

Orgánico

_____Sustrato
_____Bandejas de germinación
_____Fertilizador para la fase de germinación (p. 42)
_____Macetas para el crecimiento (p. 27)
_____Fertilizador para la fase de crecimiento (p. 38)

Hidropónico

_____Cubetas impermeables de buen tamaño o una piscina para niños
_____Fertilizante para la fase de crecimiento (p. 39)
_____Fertilizante para la fase de germinación (p. 42)

Sistema hidropónico de mecha (p. 30)

_____Hilo de nailon (30 pulgadas [75 cm] por planta)
_____Bandeja de germinación
_____Un palé (con una piscina infantil) o soportes

Sistema hidropónico de depósito (p. 31)

_____Sustrato para cultivo hidropónico
_____Bomba de aire

¿Iluminación sujeta por poleas o por cadenas?

Sistema de poleas (p. 12)
_____Cuerda de tendedero
_____2 poleas y un anclaje por foco
_____el material necesario para las sujeciones

Sistema de cadenas (p. 13)
_____Cadena
_____Ganchos y el material necesario para las sujeciones

Volviendo a empezar

Estos materiales se emplean para reiniciar el proceso y para manicurar las plantas, y no se necesitan hasta que las plantas hayan madurado.
_____Soporte para fluorescentes
_____Fluorescentes blancos de 2 a 4 pies [60-120 cm]
_____Bandeja para la manicura (p. 54)
_____Solución para el clonado si se van a emplear clones

Más allá de lo básico: perfeccionamientos

Ver el apéndice de la p. 68 para materiales que mejoran nuestro cultivo.

ANOTACIONES

Dimensiones del jardín: _____
Sustrato para el cultivo: _____
Fertilizantes
Crecimiento: _____
Floración: _____

Iluminación: _____
Dimensiones de las macetas: _____

OBSERVACIONES:

Adaptando el espacio: el perímetro

Es imprescindible un espacio diáfano. Cualquier elemento extraño ha de ser retirado. Si en él se ha cultivado previamente, hay que limpiar a fondo con agua y jabón o una solución acuosa de agua oxigenada (p. 61) para prevenir cualquier tipo de plaga. Hay que arreglar cualquier agujero o grieta para tener un entorno higiénico. Una vez que hemos limpiado el lugar, hay que cubrir las paredes con algún material reflectante o pintura antifúngica, de la empleada en los baños. Las paredes reflectantes maximizan el aprovechamiento de la luz. Los materiales reflectantes que podemos emplear son:

- Plástico de polietileno blanco
- Aluminio doméstico, por su cara mate
- Plástico de mylar plateado
- Poliestireno de ½ pulgada [1,3 cm] de espesor o más fino

A continuación, hay que limpiar y encerar el suelo. Hasta el mejor escribano echa un borrón de vez en cuando.

Limpieza

Es muy importante la limpieza previa a entrar al jardín. Si los visitantes han estado previamente en la naturaleza, aunque sea sólo un patio con plantas, de sus ropas, zapatos o incluso de las manos, puede provenir la catástrofe. Ropas y zapatos limpios reducen la posibilidad de infectar nuestro jardín.

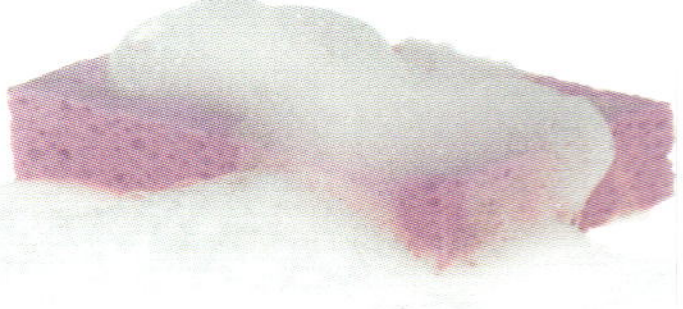

Electricidad

NO

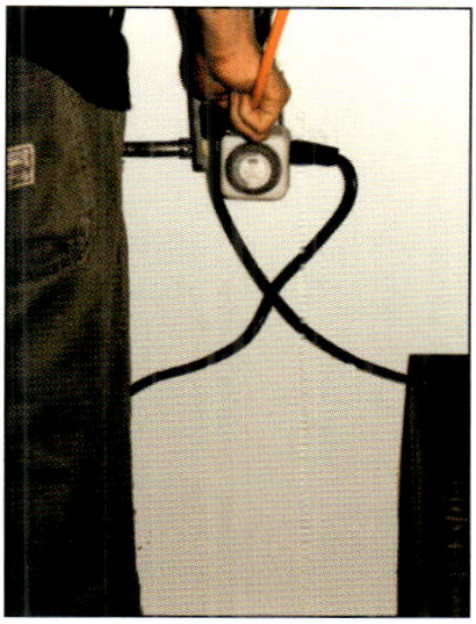

SI

La electricidad por debajo del nivel de la rodilla es tan inconveniente como peligrosa en una zona que puede resultar muy húmeda. Todos los componentes eléctricos están más seguros si se encuentran a la altura de la cintura o más arriba.

CUIDADO

El circuito debe estar preparado para soportar las exigencias de nuestro jardín, que varían según la potencia de los focos. Con todos los accesorios necesarios, un jardín con una lámpara de 400 vatios requiere unos 5 amperios. Un jardín iluminado con una lámpara de 1.000 vatios requiere de unos 12 amperios. La mayoría de los circuitos requieren de unos 20 amperios o más. Si se utiliza un acondicionador de aire, lo más probable es que haya que utilizar un circuito eléctrico diferente al de las luces. No es lo mismo una toma diferente que un circuito diferente. Si la electricidad supera la potencia del circuito, se necesitan tomas en diferentes circuitos para evitar el cortocircuito.

Equipando nuestro jardín: la iluminación

Para los jardines de interior, el mejor tipo de lámpara a emplear es el de alta presión de sodio (HPS, *high-pressure sodium*). Requiere de un soporte, o transformador, especial. El transformador se conecta a la red a través de un temporizador, que se enchufa a la toma de corriente. Cuanto mayor sea la intensidad de la luz, mayor y de más calidad será nuestra cosecha. Estos materiales están disponibles en los comercios o a través de internet.

Cómo calcular la luz necesaria

40-60 vatios de luz por pie cuadrado [430-650 vatios por m^2]

A. Superficie de la habitación: _____ pies × _____ pies = _____ pies cuadrad

B. Potencia mínima necesaria:
(poner aquí el resultado de A)_____ pies cuadrados × 40 W/p^2 = _____ vatio

C. Potencia mínima necesaria
(poner aquí el resultado de A)_____ pies cuadrados × 60 W/p^2 = _____ vatio

D. Las lámparas de alta presión de sodio se presentan en modelos de 175, 400
600 y 1.000 vatios.

El modelo adecuado de foco se encontrará entre el mínimo y el máximo de pote cia, o lo más próximo a ellos si no se encuentra comprendido entre los mismos. Podemos emplear de una a cuatro lámparas para conseguir la potencia buscac

Ejemplo A

Un jardín de 4 × 4 pies = 16 $pies^2$ [1,5 m^2]
16 × 40 = 640 vatios
16 × 60 = 960 vatios

Se necesitan entre 640 y 960 vatios
Elecciones posibles:

1 lámpara de 600 vatios
1 lámpara de 1.000 vatios
2 lámparas de 400 vatios

Ejemplo B

Un jardín de 6 × 6 pies = 36 $pies^2$ [3,4 m
36 × 40 = 1.440 vatios
36 × 60 = 2.160 vatios

Se necesitan entre 1.440 y 2.160 vatic
Elecciones posibles:

2 lámparas de 1.000 vatios
3 lámparas de 600 vatios
4 ó 5 lámparas de 400 vatio
1 lámpara de 1.000 vatios y otra de 600 vatios

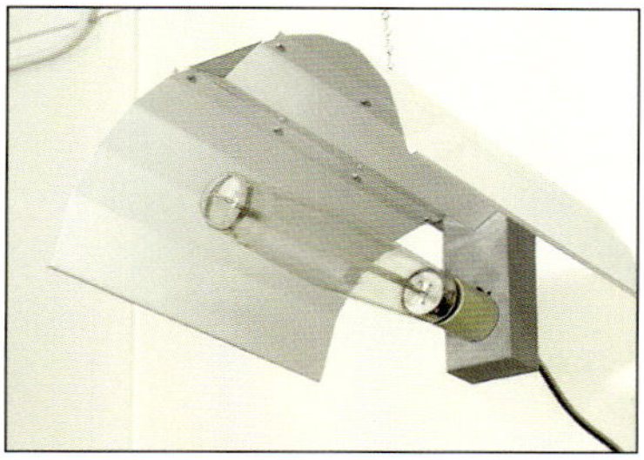

SI

NO

Hay muchos reflectores para las luces de alta presión de sodio. Los reflectores horizontales difunden la luz directamente hacia el jardín. Con los reflectores verticales, la mayor parte de la luz sale dirigida en dirección horizontal y debe ser reflejada hacia las plantas, por lo que no es tan eficiente. El mejor modelo de reflector es uno con ventilación que soporta la lámpara de sodio horizontalmente. Ver en la página 14 estos modelos de lámpara con ventilación por aire.

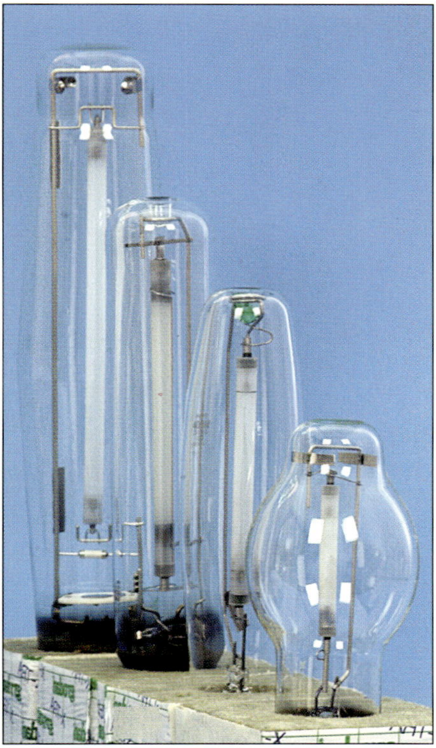

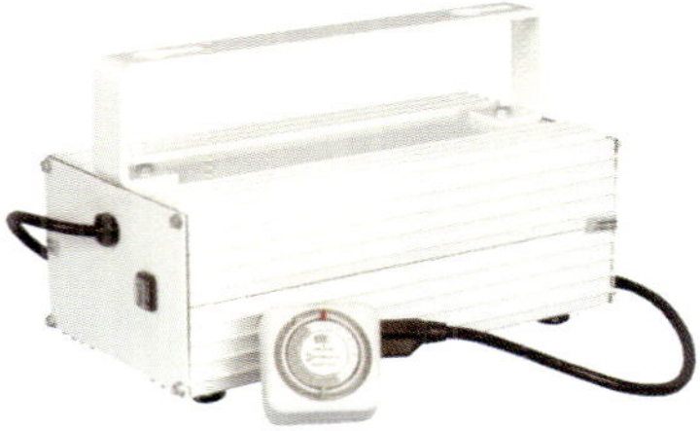

La lámpara se conecta en un soporte (*balasto*) que transforma la corriente al potencial adecuado para el foco. El soporte se conecta a un temporizador, que se enchufa en la pared. El temporizador regula automáticamente el ciclo de iluminación de las plantas durante la etapa de floración. Durante la fase vegetativa, la luz está encendida continuamente.

Sistemas de iluminación

Hay que mantener las luces a una distancia de 2 a 3 pies [60-90 cm] de los ápices de las plantas. Cuando se emplea un reflector ventilado por aire, esa distancia se reduce un tercio, aproximadamente. Las luces deben ser móviles, para poder ajustarlas a medida que crece la planta. Aquí describimos los dos sistemas más habituales. Las poleas son recomendables cuando el acceso al interior del jardín es problemático. Las cadenas con eslabones amplios son fáciles de regular cuando hay un acceso sencillo al reflector de la luz.

Sistema de poleas

Los focos se suben y bajan utilizando una polea, con lo que el cultivador puede cambiar la altura de la lámpara desde un extremo del jardín.

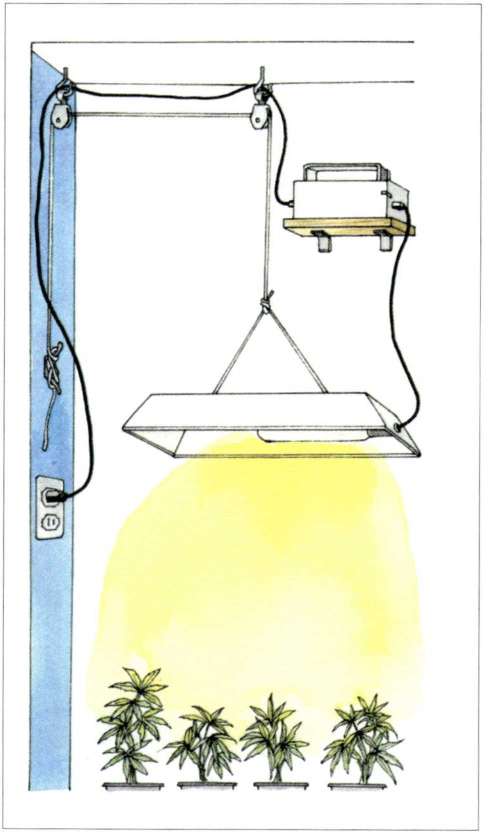

1) Se atornilla un gancho en el techo, en el punto donde pretendemos colgar la lámpara. En él se cuelga una polea.
2) Se ponen otro gancho y otra polea en el techo, cerca de la pared.
3) Se pone un anclaje en la pared, a la altura conveniente por debajo de la segunda polea.
4) Se pasa la cuerda del tendedero a través de las poleas. De un extremo, se cuelga la lámpara, y el otro se sujeta al anclaje.

Sistema de cadena

Las cadenas son recomendables cuando hay fácil acceso a la lámpara.

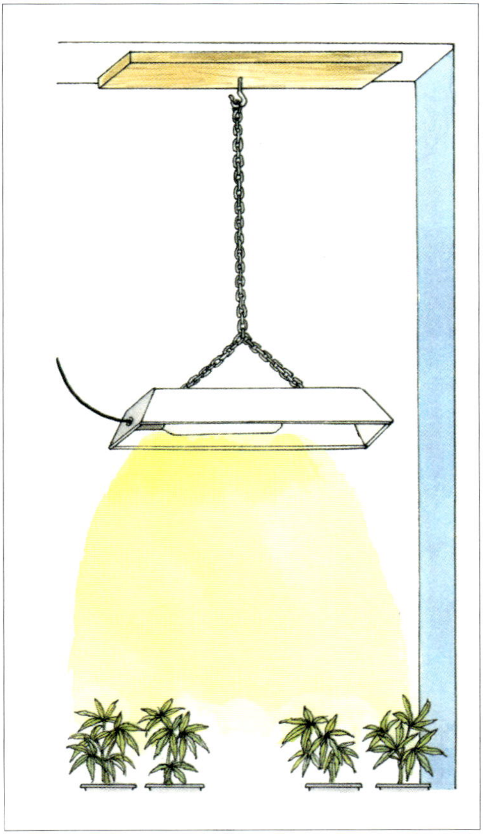

El sistema de cadena es fácil de instalar. 1) Se pone un gancho en un punto del techo que sea capaz de aguantar peso. En este caso, se atornilló una plancha de madera a las vigas del techo. En ella, se atornilló el gancho. 2) Las cadenas se cuelgan de los ganchos, y sujetan el reflector por medio de ganchos con forma de S. Son recomendables cadenas con eslabones grandes para subir y bajar las luces con mayor facilidad.

MEJORAS: Focos refrigerados por aire, el mejor control del calor

Una lámpara de 1.000 W genera unas 3.200 btu de calor, lo mismo que puede eliminar un pequeño acondicionador de aire. La mejor manera de eliminar este calor es no dejarle pasar a la habitación. Las lámparas ventiladas por aire emplean conductos y ventiladores para crear una corriente continua de aire que enfría el reflector cerrado especial.

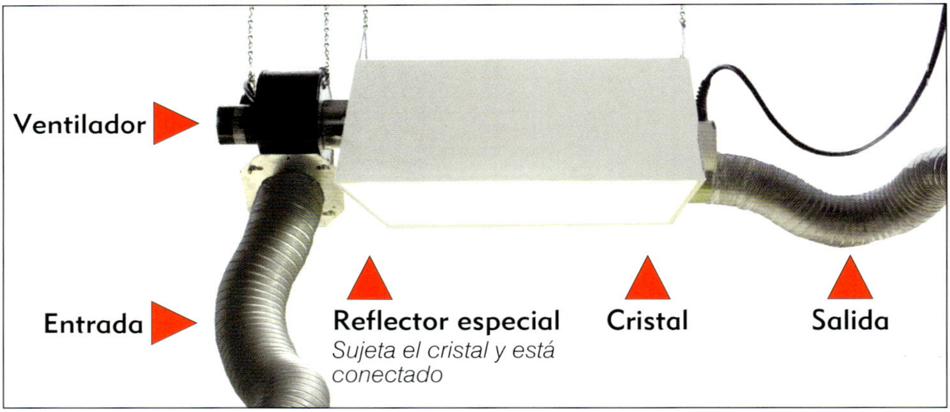

Hay conductos de ventilación de 4 pulgadas [10 cm] conectados a la salida del reflector, que tiene un diseño especial. El ventilador envía aire frío a la lámpara, y empuja el aire caliente a través de los conductos, enviándolo al exterior de la habitación. Este aire despide mal olor. Para eliminar este olor, hay otro conducto conectado a la entrada del reflector, que permite al ventilador inyectar aire de una fuente exterior. El aire caliente e inodoro se puede emplear en calentar zonas habitadas, sin aromas delatores. La disposición de los puntos de entrada y salida de aire puede requerir algo de imaginación y trabajo adicional.

Equipando nuestro jardín: la ventilación

La marihuana crece mejor a temperaturas entre 70 y 75 grados Fahrenheit [21-24 grados centígrados] durante el día, y unos 10 grados Fahrenheit [5,5 °C] menos por la noche. Las plantas prefieren una humedad del 50 al 60 % durante el ciclo vegetativo y al principio de la floración, y del 40 al 50 % al final de la misma. Estas condiciones son fáciles de crear empleando ventiladores, acondicionadores de aire y deshumidificadores, controlados por temporizadores, higrómetros y termostatos.

Ventiladores

Los ventiladores mueven el aire de la habitación, de forma que las hojas de la planta reciben continuamente aire fresco. Tanto los ventiladores de mesa como los de pie o ventana son aptos para este fin.

MEJORAS: Extractores

El sistema de ventilación más sencillo es empleando extractores helicoidales, que son muy eficientes tanto para meter como para extraer el aire de la habitación. Pueden bastar para controlar humedad y temperatura. En una habitación que no esté enriquecida con CO_2, aire acondicionado o deshumidificadores, lo mejor es tener el extractor funcionando continuamente. Esto proporciona a las plantas una provisión constante de aire fresco.
Si el aire está enriquecido o controlado, los extractores habrán de estar conectados a un temporizador que los encienda al menos una vez cada quince minutos, o regulados mediante un termostato. Las siguientes páginas explican qué hacer si los ventiladores y extractores no son suficiente.

Nota:
Las plantas necesitan CO_2, y lo consumen durante las horas de luz, cuando realizan la fotosíntesis, por lo que es necesario un ventilador para eliminar el aire viejo y traer aire nuevo a la habitación. Podemos también enriquecer nuestro jardín con CO_2 (para saber cómo, ver apéndice, p. 68).

MEJORAS: Control de la temperatura por medio de acondicionadores de aire

Quizás el espacio sea demasiado amplio o las condiciones climáticas hagan imposible mantener una temperatura constante entre 70 y 75 grados Fahrenheit [21-24 °C]. Un acondicionador de aire puede servir para superar este problema.

Los acondicionadores de aire móviles pueden introducirse en la habitación cuando sea necesario, lo que los hace muy útiles. Emiten calor a través de un conducto que puede evacuar en otro lugar. Se puede usar también un acondicionador de aire tradicional instalado en una ventana o pared, que igualmente llevará el calor a otro sitio.

Termostato con conector hembra

Ambos modelos se regulan por medio de un termostato interno; en cualquier caso, algunos cultivadores prefieren ajustar los controles de manera que siempre lo tengan conectado. Entonces, el aparato se conecta a un termostato exterior, situado al nivel de las plantas, de forma que se aproxime más a las verdaderas condiciones de la plantación. Si se hace así, es fácil coordinar un termostato con conector hembra con los acondicionadores de aire o ventiladores.

MEJORAS: Control de la humedad por medio de deshumidificadores

En cultivos pequeños, la humedad no suele ser un problema hasta mediada la floración. Aunque a veces aparece antes. En la mayoría de los casos, basta con un pequeño sistema de ventilación, que puede ser tan elemental como abrir la puerta del armario y mover el aire con un ventilador.

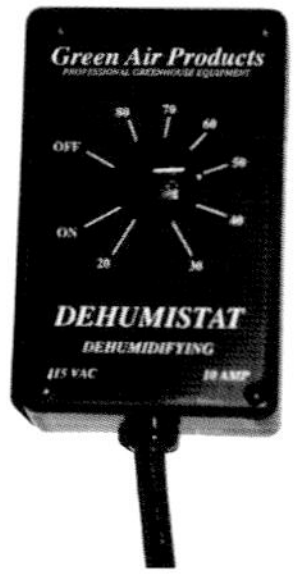

En zonas especialmente húmedas, la solución puede encontrarse en un deshumidificador, especialmente en las últimas semanas de floración, cuando conviene reducir la humedad al 50 % para eliminar mohos. Según las condiciones, se pueden emplear, a la vez o por separado, ventiladores y deshumidificadores. Estos últimos pueden aliviar rápidamente los excesos atmosféricos. Son móviles y pueden introducirse en la habitación cuando sea necesario, que suele ser en las últimas semanas de floración. Tienen un higrómetro interior, pero, como la mayoría de acondicionadores de aire, pueden conectarse a uno exterior para una mejor lectura de las condiciones de la planta.

Control de olores

A medida que la planta madura, su aroma se vuelve más penetrante. Aunque la mayoría de la gente encuentra agradable este olor, puede llegar a resultar inconveniente o peligroso. Por tanto, es recomendable controlar los olores si se quiere pasar desapercibido.

En cultivos pequeños (por debajo de los 50 pies cuadrados [unos 4,5 m²]) un generador de iones negativos suele ser suficiente. Se pueden adquirir en almacenes, comercios o a través de internet.

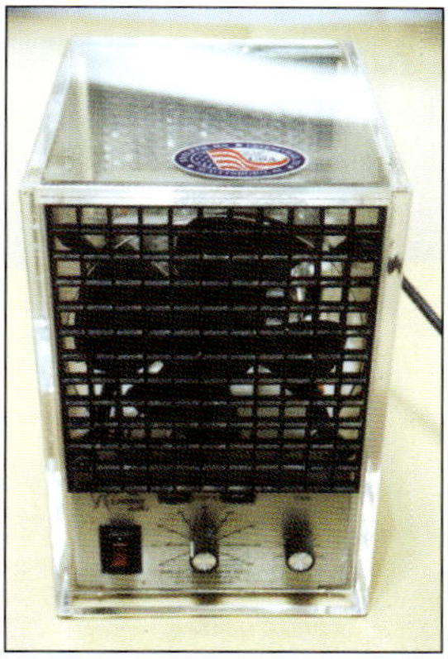

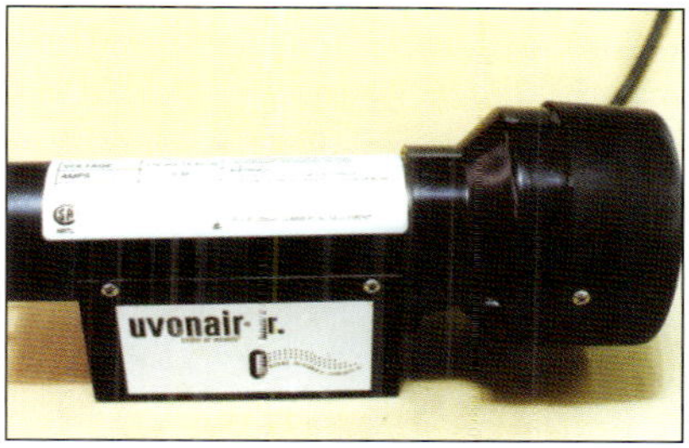

Para cultivos de mayor tamaño, son recomendables los generadores de ozono. Estos son dos modelos corrientes de generadores de ozono.

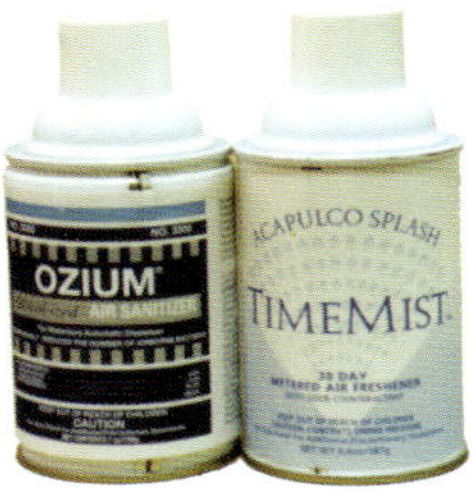

Hay también otros productos, como geles químicos y sprays, que están disponibles en el mercado y son muy eficaces para eliminar olores.

Trabajos preliminares

Tenemos lista la habitación. Es el momento de empezar con las plantas.

La marihuana es una planta fascinante por muchas razones. Es la única planta anual dioica, esto es, que presenta diferenciadamente plantas macho y plantas hembra. Desde el comienzo de la floración, completa su ciclo vital en 75 días o menos. Cada día del ciclo de floración de la planta equivale a un año de vida humana, más o menos. En unas pocas semanas, las plantas llegan al Instituto, a la Universidad, e inician su verdadero trabajo de producción floral. Entonces llega la jubilación (o sea, la cosecha) y, finalmente, la desaparición. Y, durante unos meses, un símbolo para nuestras vidas.

La marihuana es un ejemplo real del karma instantáneo. Si se la trata bien y se le da lo que necesita, te devolverá el favor.
Todo empieza con la germinación.

¿Brotes o esquejes?

Para empezar a plantar, hay que escoger entre dos opciones: semillas o clones. Los clones están cortados de plantas adultas. Mucha gente poda sus plantas. El esqueje echa raíces y genera duplicados genéticos exactos de la planta original. Estos clones, si se dispone de ellos, constituyen la mejor elección, ya que garantizan hembras y han sido previamente seleccionados por sus cualidades. Si no disponemos de esquejes, podemos conseguir semillas de calidad a través de revistas o de la red [y, en España, en algunas tiendas especializadas o a través de las asociaciones]. La mitad de las semillas, aproximadamente, saldrán machos, y habremos de extirparlos de nuestro cultivo.

Hacer esquejes para futuros cultivos es fácil. Para más información, ver el capítulo dedicado a “Producción de clones” (p. 62).

Escogiendo variedad

La calidad de la marihuana es el factor más importante a la hora de elegir una variedad. No importa lo bien que crezca un cultivo: un cogollo sólo puede responder según su potencial genético. Otros factores son la forma y tamaño de la planta, y los días y la luz requeridos para su maduración. Aquí presentamos cuatro variedades aptas para el cultivo en interior. Proporcionan una cantidad razonable y tienen un ciclo corto. Sobra decir que su calidad es suprema. Podemos encontrar muchas otras variedades en los catálogos.

Sensi Star

Un híbrido hecho básicamente de índica. Las ramas son cortas y fáciles de controlar, y los cogollos son muy compactos y resinosos, con un aroma dulce y denso y humo volátil. Las cosechas son desde moderadas a abundantes.
Período de floración: 70 días. Fotografía por cortesía de Paradise Seeds.

White Widow

Esta variedad es fácilmente asequible a través de diferentes bancos de semillas. La *White Widow* es alta y frondosa, con ramas cortas, y produce un subidón que es tanto físico como cerebral.
Período de floración: 75 días.

Max 49

Es un cruce con mayoría de sativa, muchas ramificaciones y poca estatura. Es una gran productora de cogollos muy potentes. Esta planta médica se consigue en forma de esquejes en los clubs médicos del área de la bahía de San Francisco
Período de floración: 49 días.

Ultra Skunk

Es un perfeccionamiento de la familia *skunk*, reconocida por su gran producción de cogollos densos y potentes. Bastantes ramificaciones, pero no demasiada estatura. Se venden esquejes en los clubs médicos del área de la bahía de San Francisco. En muchos bancos de semillas se pueden conseguir otras variedades de *skunk*.
Período de floración: 65 días.

Empezando con semillas

Lo más fácil es empezar con semillas en un medio estéril, como Oasis™, o un semillero pasteurizado.

Las semillas se plantan a ¼ de pulgada [0,6 cm] de profundidad en los sitios adecuados del Oasis™, o a la misma profundidad en el semillero, si no disponemos de Oasis™.

Condiciones para el crecimiento: cuidados de las semillas y los brotes

Para una correcta germinación, se requiere un sustrato siempre húmedo y una temperatura constante de 72 a 75 grados Fahrenheit [22-24 °C]. Una manera de conseguirlo es emplazar la bandeja de germinación en nuestro jardín y conectar todas las luces y el equipo necesario para mantener la temperatura constante.

Colocaremos un plástico o trapo sobre la bandeja de plantación para mantener la humedad. La bandeja la colocamos sobre una esterilla de propagación. Dejaremos las luces encendidas de continuo. Pondremos una lámpara de 1.000 W a 3 pies [0,9 m] del punto más alto de los recipientes, y otra de 400 W a pie y medio [45 cm]. Las semillas germinarán entre 3 y 10 días después.

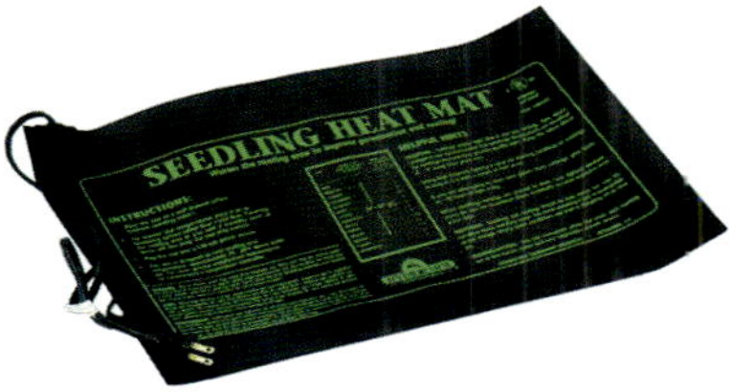

Los calentadores eléctricos impermeables funcionan bien y son recomendables para pequeñas áreas de germinación. Estas esterillas aseguran que el sustrato de germinación se mantiene a 72 grados Fahrenheit [22 °C] para conseguir la germinación. Se pueden adquirir en muchas tiendas de cultivo interior.

Una vez que las semillas han germinado, mantenemos los brotes húmedos, sin anegarlos, hasta que crezcan varios pares de hojas. Fertilizaremos las plantas con un compuesto para el crecimiento de potencia media (ver p. 38) cada vez que las reguemos. Cuando hayan echado dos o tres pares de hojas y las raíces hayan alcanzado el fondo del semillero, estarán preparadas para el trasplante.

CUIDADO

Las esterillas citadas son especialmente impermeables. Un calentador doméstico habitual puede ser peligroso y no sirve como sustituto. Sólo los calentadores diseñados especialmente para este propósito son suficientemente seguros.

¿Orgánico o hidropónico?

Los cultivadores deben escoger entre cultivar en tierra o por métodos hidropónicos. Ambos sistemas son sencillos de instalar. En este libro, habitualmente se siguen métodos orgánicos para la plantación en tierra. La hidroponía es un método de cultivo que emplea un medio de enraizamiento carente de nutrientes. Todos los nutrientes se añaden en el agua. Las raíces se alimentan directamente de la solución nutriente (en las páginas 38 y 39 se detallan las soluciones nutrientes para cultivos orgánicos e hidropónicos).

Cada sistema tiene sus ventajas e inconvenientes. El método orgánico es menos exigente y más fácil de atender que el hidropónico. La mayoría de expertos afirman que se consigue además un sabor más fino. Las cosechas de hidropónico pueden ser fantásticas, y los cogollos pueden ser densísimos cuando se hace bien, pero se requiere mayor precisión. Los métodos hidropónicos explicados en este libro no precisan materiales exóticos, ni onerosas bombas o cuidados especiales. Se puede elegir el método en función del material requerido o de las exigencias de mantenimiento. El tamaño del cultivo no influye en esta elección.

Eligiendo recipientes

Para un correcto desarrollo, la planta necesita un espacio mínimo de 6 × 6 pulgadas [15 × 15 cm]. Un soporte de 6 pulgadas es imprescindible para cultivar una planta de un solo tallo; para una planta de 2 tallos será necesario un soporte de 8 pulgadas [20 × 20 cm]; uno de 10 pulgadas [25 cm] para una de 3 tallos; y, si la planta va a desarrollar cuatro tallos, será necesario uno de 12 pulgadas [30 cm]. Todos los sistemas producen aproximadamente la misma cosecha en el mismo tiempo. En este libro, encontramos macetas de diferentes tamaños, pero las preferidas son las de 6 pulgadas. Todos los métodos resultan entretenidos. Recuerda que las plantas más grandes llevan más tiempo, pero también dan una cosecha más abundante.

Nota:
Las plantas en macetas grandes tienden a ramificarse. Para facilitar el crecimiento de ramas laterales, que es lo deseable en plantas situadas en recipientes grandes, podaremos el ápice de la planta. Esto facilitará que la mayor parte de las energías de la planta se dediquen a desarrollar esas ramas. En unas pocas semanas, quitaremos de la planta las ramas sobrantes, dejando las 2, 3 ó 4 más fuertes.

La instalación orgánica

Trasplantando:

Primero, llenamos parcialmente de compost la maceta. La profundidad a la que plantaremos el brote será la adecuada para dejar la superficie uniforme. La habremos trasplantado óptimamente si hay aproximadamente 3 pulgadas [7,5 cm] entre la tierra y el par de hojas inferior.

Una vez que hemos trasplantado el brote a la maceta, acabamos de rellenarla con compost hasta que quede apenas media pulgada [1,25 cm] desde la tierra hasta el borde del recipiente.

El compost

Las mezclas comerciales enriquecidas con fertilizantes, preferiblemente si son orgánicas y detallan su contenido en guano, estiércol, minerales, productos marinos y otros nutrientes, son bastante recomendables. Los productos baratos suelen tener escasos nutrientes; a menudo están hechos con ingredientes de baja calidad y pueden reducir el tamaño de la cosecha. Aquellos que están recomendados para invernaderos y señalan que están enriquecidos con ingredientes naturales o fertilizantes dan un mayor rendimiento que los que no lo indican.

Los trasplantes se colocan sobre una bandeja, de manera que sea más fácil regarlos sin derramar agua.

La instalación hidropónica

En estas páginas vamos a detallar dos sistemas hidropónicos muy sencillos. Ambos son fáciles de instalar, no requieren excesivo mantenimiento y dan muy buenos resultados.

Primer método: El sistema de la mecha
El sistema de la mecha se basa en la capilaridad, que se da cuando un tejido se empapa de agua. Las cuerdas de nailon trenzado actúan de la misma manera, y aspirarán el agua de un depósito a las macetas. El depósito se rellenará de agua con nutrientes cuando sea necesario.

Un palé dentro de una piscina infantil permite tener las macetas fuera del agua, con las mechas empapándose en ella. Las mechas de nailon salen por los agujeros del fondo de las macetas y se estiran hasta dejar unas 12 pulgadas [30 cm] a cada lado de la maceta. Aspiran el agua de manera que la tierra está siempre húmeda.

Mecha y raíces

Dos meses después del trasplante, las raíces seguirán a la mecha en su camino hacia el agua.

Segundo método: El sistema del depósito

Con el sistema del depósito, las plantas se colocan directamente dentro del mismo. Esto resultaría demasiado húmedo para una mezcla de compost, así que hay que emplear piedrecitas de lava, una mezcla de polvo de cerámica y vermiculita*, o mezcla de perlita y vermiculita**. Todos estos productos se pueden encontrar en tiendas de cultivo o viveros.

Si es necesario, se hace la mezcla escogida, antes de plantar. Se distribuye en las macetas. Los brotes se trasplantan igual que con mezcla orgánica. Se colocan los recipientes en el depósito, y se añade agua hasta una profundidad de 2 pulgadas y media [6,25 cm] si el depósito tiene 8 pulgadas [20 cm] de profundidad, o 3 ó 4 pulgadas [7,5-10 cm], si el depósito tiene una profundidad de 12 pulgadas [30 cm]. Se va añadiendo agua a medida que sea necesario, para mantener una profundidad constante.

Esta bandeja de 18 pulgadas cuadradas [115 cm²] resulta adecuada porque es fácil de manejar. Además, los bordes elevados la hacen ideal para contener agua.

Se emplea un oxigenador para facilitar la corriente de agua y su oxigenación. Esto facilita el crecimiento, ya que las raíces de la planta necesitan oxígeno. Los oxigenadores y las bombas de agua se pueden encontrar en acuarios y tiendas de animales.

** 75 % de polvo de cerámica y 25 % de vermiculita, en partes de volumen.*
*** 50 % de perlita gruesa y otro tanto de vermiculita.*

El montaje de un cultivo de mecha, paso a paso:

- Se coloca la piscina infantil en su sitio.
- Se coloca el palé en el centro de la piscina.
- Para cada maceta, un cordel de nailon trenzado de 3/8 de pulgada [1 cm], de una longitud tal que permita extender unas 12 pulgadas [30 cm] a cada lado de los agujeros de la maceta (aproximadamente, unas 30 pulgadas [75 cm] en total).
- Se trasplantan los brotes, tal como se describe en la sección de instalación orgánica de la página 28.
- Regamos las macetas desde arriba con agua con nutrientes como la descrita en la página 38, hasta que el agua rebose de las macetas.
- Llenamos el contenedor con agua con nutrientes hasta una profundidad de unas 3 pulgadas [7,5 cm].
- Comprobar que los extremos de los cordeles queden por debajo del nivel del agua.

El montaje de un cultivo de depósito paso a paso:

- Se aplica cera o algún protector en el suelo, de manera que no pueda dañarse por el agua.
- Si es necesario, se hace la mezcla para soporte de las raíces.
- Se trasplantan los brotes de la misma manera que la indicada para el método orgánico, con la única diferencia del medio hidropónico empleado.
- Si la bandeja es lo suficientemente pequeña, se colocan las macetas en ella y se trasladan al armario. Si es demasiado grande, primero situamos la bandeja, y luego colocamos las macetas en ella.
- Se riegan todas las macetas con el agua con nutrientes hasta que el líquido desborde de ellas y caiga a la bandeja.
- Se añade agua con nutrientes a la bandeja hasta alcanzar el nivel adecuado, según lo dicho en la página 31.

Tercera fase

Crecimiento vegetativo

La duración de la fase de crecimiento vegetativo depende fundamentalmente del tamaño de la maceta. Las plantas cultivadas en macetas de 6 pulgadas [15 cm] de diámetro deberían alcanzar aproximadamente un pie [30 cm] de altura al terminar el estadio vegetativo. Esto debe llevar una o dos semanas. Las plantas cultivadas en macetas más grandes crecerán un poco más, hasta alcanzar un pie y medio o dos [45-60 cm], si se quiere cosechar correctamente. Esto precisará de aproximadamente un mes. Tener las plantas más tiempo en crecimiento vegetativo no las perjudica.

Cuidados durante el crecimiento vegetativo

Iluminación

Hemos trasplantado los brotes. Ya los tenemos en nuestro jardín. Encendemos la luz y la situamos a 30 pulgadas [75 cm] de los ápices. A medida que crece la planta, vamos subiendo los focos de manera que la distancia permanece constante. (Estas plantas tienen tres semanas.)

Nota:
Si la potencia de los focos está más próxima a la mínima que a la máxima, según los cálculos de la página 10, debemos acercar los focos 5 pulgadas [12,5 cm], a una distancia de 25 pulgadas [63 cm] de los ápices.

Los focos refrigerados por aire se acercan 15 pulgadas [38 cm] a los ápices al cabo de unos pocos días. La distancia entre estos focos y los ápices se mantiene en 15 pulgadas [38 cm] durante el resto de la vida de la planta.

Temperatura: 70-75 grados Fahrenheit [21-24 °C].

Humedad: 50-60 por ciento. Ver página 18 en relación con los detalles para controlar la humedad.

Agua y pH: Para regar nuestro cultivo, hemos de emplear siempre una solución de agua con fertilizantes. Se dan instrucciones específicas para cada tipo de jardín. El pH de cualquier solución de agua con nutrientes debe encontrarse entre 6,0 y 6,3, ligeramente ácido.

Fertilización y riego en el cultivo orgánico

Regaremos el jardín cada 3 a 5 días, aproximadamente, dependiendo de las condiciones. Cuando la tierra esté más seca que húmeda a una profundidad de aproximadamente una pulgada [2,5 cm], es el momento de regar. Hay que regar hasta que el agua salga por el fondo de la maceta. La tierra absorberá el exceso de agua a través de los agujeros de las macetas.

Instrucciones para la fertilización:
Las plantas se fertilizan cada vez que las regamos. Combinamos un fertilizante soluble en agua con ésta para tener una solución nutriente. Algunas marcas que funcionan bastante bien son:

Max Sea 16-16-16*

Bill's Perfect Fertilizer 6-5-11-5*

Dynagrow 7-9-5

MiracleGro Tomato Food 18-18-21

Genesis Grow Formula

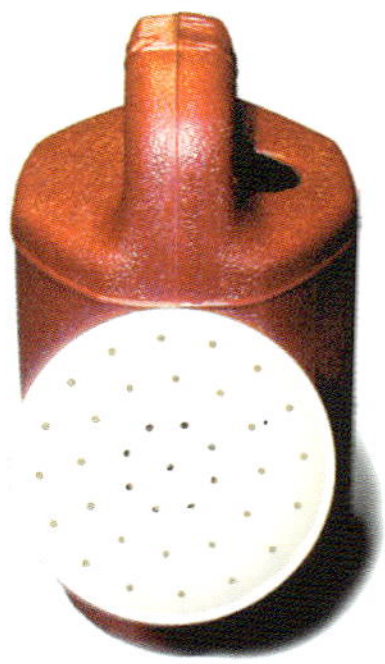

** Estas marcas son parcialmente orgánicas. Los otros fertilizantes indicados no son orgánicos. Se pueden conseguir otros fertilizantes orgánicos, como tés pre-mezclados y/o guano. Algunos fertilizantes orgánicos recomendables son:*
Fish Emulsion 5-2-2 *Bat Guano 8-10-2*
Se pueden conseguir fertilizantes sin problemas en tiendas de jardinería o por correo.

Solución nutriente orgánica

Fórmula: En jardines orgánicos, debemos mezclar el fertilizante a la mitad de la dosis indicada en el envase. Si dice, por ejemplo, añadir dos cucharadas por litro de agua, deberemos añadir una. Ver la guía de problemas del apéndice. Puede ser necesario algún ajuste.

Cuidado hidropónico

El cuidado hidropónico ha de ser más preciso que en un cultivo orgánico. El agua se enriquece con fertilizantes hidropónicos, con nombres como Dynagrow, Eco, Genesis, General Hydro, Millenium... Estos están especialmente formulados para dar buenos resultados en cultivos hidropónicos. Hay que utilizarlos tal y como se indica en la etiqueta.

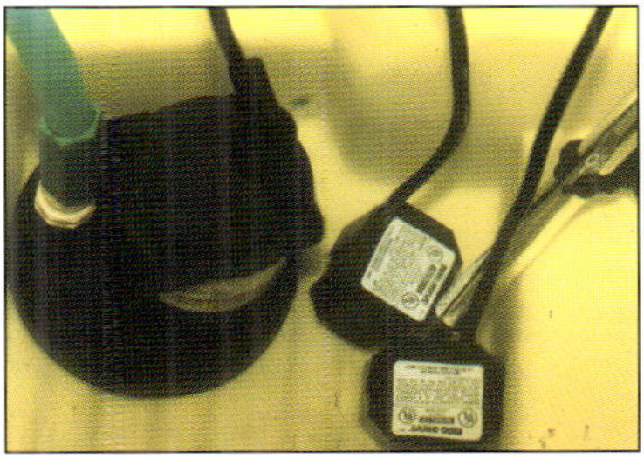

El agua en una unidad hidropónica se renueva completamente cada dos o tres semanas. Esta agua rica en nutrientes se puede emplear para fertilizar algún jardín exterior u otras plantas domésticas.

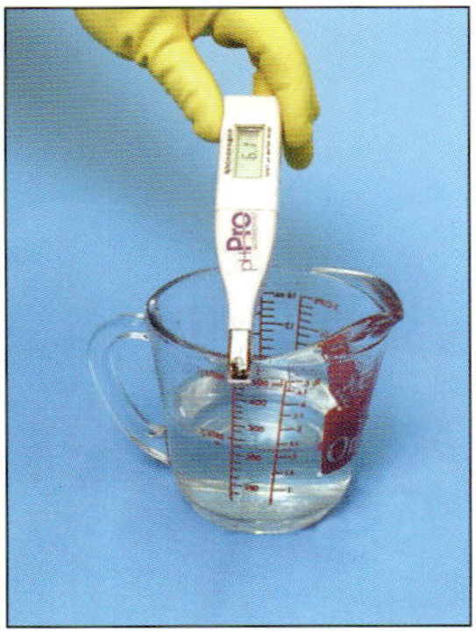

El pH es la medida de la acidez o alcalinidad del medio. En soluciones hidropónicas, las plantas absorben mejor los nutrientes con un pH de 6,0 a 6,3 (ligeramente ácido). Podemos ajustar el pH con la ayuda de un medidor, disponible en las tiendas de jardinería.

¿Cómo saber que ha llegado la hora de la floración?

Plantas con una sola rama:
Cuando las plantas miden unas 12 pulgadas [30 cm]. De 7 a 12 días después del trasplante.

Plantas con varias ramas:
Cuando cada rama mide al menos 8 pulgadas [20 cm]. Unos 15 o 20 días después del trasplante.

Cuarta fase

FLORACIÓN

La marihuana es una planta que florece en otoño. Su floración viene determinada por la comprobación química del número de horas de oscuridad ininterrumpida. Una vez que las plantas inician la floración, su sexo se hace evidente, y se eliminan los machos, ya que no producen cogollos. Para reiniciar el cultivo, se toman esquejes de las plantas que pasan a floración. Hacer clones de los esquejes resulta más complicado si éstos se toman más tarde, durante la floración. Para instrucciones detalladas de cómo reiniciar nuestra plantación a partir de esquejes, ver la página 62.

Cambios en las condiciones externas

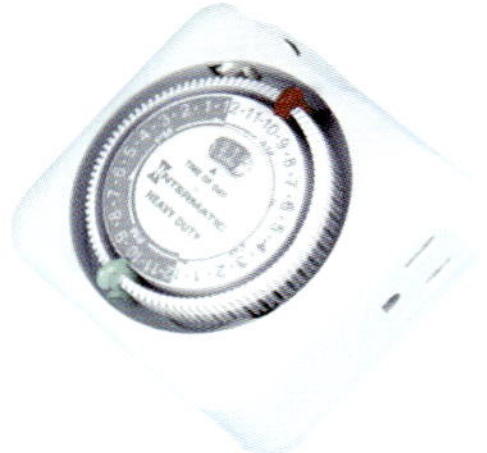

Temporizador

Iluminación: Ajustamos el temporizador de manera que las plantas tengan un periodo de oscuridad ininterrumpida de 12 horas. Deberemos adaptar el periodo de iluminación a las horas en que vayamos a dar vuelta por el cultivo. Una vez que hemos cambiado el periodo de iluminación, no deberemos encender nunca las luces mientras está en periodo de oscuridad. Nunca. Rompería el ciclo de floración. En cualquier caso, apagar brevemente las luces durante el periodo de iluminación no afectará a la floración.

Humedad: Debe mantenerse alrededor del 60 % hasta el final de la floración, cuando se reduce al 50 %.

Temperatura: Debe mantenerse a la misma, 70-75 grados Fahrenheit [21-24 °C], durante el periodo de floración.

Cambio de fertilizantes

Las plantas en floración requieren más fósforo y menos nitrógeno. Todos los fertilizantes hidropónicos, y algunos para cultivo en tierra, presentan una fórmula para crecimiento y otra para floración. En la sección dedicada al crecimiento vegetativo, se empleaba una fórmula de crecimiento para el fertilizante. Ahora las plantas necesitan los nurientes contenidos en las fórmulas de floración. Todos los fertilizantes indicados anteriormente - Dynagrow, Eco, Genesis, General Hydro y Millenium - tienen una fórmula de floración con las correspondientes instrucciones en el etiquetado. Para el empleo con tierra, Max Sea, Dynagrow y Genesis tienen fórmulas de floración. Con MiracleGro, cambiando el 18-18-21 (Tomato Plant Food) empleado para el crecimiento a la fórmula regular, MiracleGro 15-30-15, conseguimos el mismo resultado. El fertilizante de Bill's Perfect nos vale para todo el ciclo, vegetativo y floración. También podemos emplear fórmulas orgánicas ricas en fósforo, como Guano 2-10-0.

Podando y asegurando las plantas

Al forzar el florecimiento de las plantas, las podamos y aseguramos con estacas. Podarlas dirige su energía y crecimiento a las partes de la planta que deseemos. El asegurarlas con estacas les ayuda a sostener el peso y mantiene cada cogollo en su propio espacio. Las ramas podadas pueden servirnos como esquejes para clonación, que serán duplicados genéticos exactos de las plantas de las cuales se han obtenido. Para instrucciones detalladas sobre la poda, ver la página 62.

< 6 pulgadas [15 cm]: 1 estaca >

< 8 pulgadas [20 cm]: 2 estacas >

< 10 pulgadas [25 cm]: 3 estacas >

< 12 pulgadas [30 cm]: 4 estacas >

¿Cuándo es el momento de podar?

Podaremos las plantas 2 veces durante la floración:

1) Al día siguiente o dos días después de reducir el ciclo de iluminación a 12 horas.
2) Dos semanas después de la floración, podaremos nuevamente nuestras plantas.

Durante unas cinco semanas tras la floración, eliminaremos las hojas que impidan que la luz llegue a los cogollos.

La poda

Esta planta está lista para la poda. Las ramas han crecido y son suficientemente largas para estacarlas.

Empleando macetas de 12 pulgadas, hemos conseguido una planta con cuatro ramas. Aquí se pueden distinguir las ramas mayores.

Todas las ramas excepto las cuatro elegidas, son podadas.

Podamos ahora también las ramas laterales que crecen de las principales.

Cada rama se sujeta con una estaca a cada uno de los cuatro sectores de la maceta.

Sujetar las ramas a las estacas con un hilo no tiene ninguna complicación.

Sujetando con las estacas

Así están las mismas plantas 9 semanas más tarde. Algunos de los cogollos necesitan una nueva sujeción.

En estas fotos podemos ver un cultivo en el que las plantas están en macetas de la dimensión más usual, de 6 pulgadas [15 cm] de lado, justo después de poner las estacas y luego en su madurez. Nótese que cada tallo está sujeto con una estaca para mantener los cogollos en su propio espacio.

Plantas macho

Esto es un macho. No da cogollos, ocupa espacio y polinizará a las hembras, disminuyendo su potencia. Conviene eliminar los machos en cuanto aparecen. Hay que quitarlos antes de que sus flores se abran para evitar que polinicen a las hembras productoras de cogollos.

Machos:
Las flores inmaduras de los machos parecen algo así como unas pelotillas colgando del tallo. Cuando maduran, las flores se abren para que el viento transporte el polen. En unas pocas horas, las pelotillas se abren, desvelando una flor sencilla, con cinco pétalos entre blanco y amarillo pálido, rodeando al estambre. Con un solo macho que no eliminemos, se puede malograr toda la cosecha.

Hembras:
Las hembras no tienen pétalos. En su lugar, dos estigmas sobresalen de cada ovario. Los estigmas, que parecen un par de antenas blancas casi translúcidas, tratan de captar cualquier partícula de polen que vuele por el aire.

Macho

Hembra

Estadios de floración

Aquí podemos ver los diferentes estadios de la floración. La variedad retratada es una "Jack Herer", y la planta tardó unas 11 semanas y media, unos 75 días, para madurar. Muchos híbridos de los desarrollados en los últimos años emplean sólo unas 7 semanas desde que se fuerza la floración hasta su madurez.

Tras la primera semana, el crecimiento continúa, pero con los espacios internodales, entre las diferentes ramitas y hojas, más pequeños en las proximidades del ápice. La planta está en fase de transición.
En la segunda semana, prácticamente se detiene el crecimiento de la planta.
A lo largo de la tercera semana, aparecen las primeras flores.

Las flores se desarrollan a lo largo de todos los extremos. Las flores hembra no tienen pétalos, sólo los dos estigmas que sobresalen. Un cogollo de marihuana maduro puede estar formado de cientos de estas flores.

La planta continúa produciendo flores. Los primeros estigmas empiezan a secarse. Se vuelven de un color tostado, marrón o rojo, más que blanco.

La mayoría de los estigmas se han secado. Las glándulas con la resina, situadas en las hojas y alrededor de las flores, empiezan a destilar, pero el cogollo no está maduro todavía.

El cogollo ha madurado. Los estigmas se han vuelto marrones. Los ovarios, en su interior, han crecido como si fueran a producir semillas. Los tricomas brillan como cristales bajo la luz. Recubren las hojas y los tallos en torno a las flores. De cerca, parecen como champiñones, con el sombrerillo lleno de THC.

¡Listos para la cosecha!

Quinta fase

Recogiendo la cosecha

Una buena cosecha es siempre tiempo de alegría. Cuando recoge sus cogollos, el cultivador está contemplando el resultado milagroso de 70 jornadas, desde el trasplante de los retoños a la madurez senecta. Las últimas semanas son las más increíbles. Los cogollos parecen casi a punto, y es entonces cuando maduran las flores individuales. En las últimas semanas, los cogollos alcanzan su aspecto final, con los tricomas cargados de THC brillando bajo la luz. Es el momento de recoger lo sembrado.

Cosechando

Podemos cosechar arrancando la planta entera para quitarla de nuestro jardín.

También podemos hacerlo cortando los cogollos uno a uno. Normalmente, este método es más recomendable. A menudo, en las plantas con varias ramas, los cogollos exteriores maduran antes. Así dejamos que los interiores acaben de madurar.

Fabricando una pantalla de manicura

Una pantalla de manicura es una herramienta que nos permite aprovechar al máximo nuestra cosecha. Al manicurar los cogollos sobre una pantalla, separamos automáticamente los desechos no aprovechables de las glándulas, que atraviesan la pantalla a medida que hacemos la manicura. La pantalla, como se ve en las ilustraciones, se construye a partir de una malla de 100 filamentos por pulgada [40 por cm], que se engarza sobre un marco de madera. Las glándulas que atraviesen la pantalla componen lo que en EE.UU. llaman kief y en España polen, y son muy potentes. Lo podemos fumar tal cual, o prensarlo hasta obtener hachís.

Haciendo la manicura

Podemos hacer la manicura con los cogollos aún húmedos, nada más cosechar, o bien hacerla una vez se han secado. La ventaja de manicurarlas húmedas es que se caen menos glándulas del cogollo. En cualquier caso, una vez secas, cuesta mucho menos tiempo.

Tras cortar los cogollos o arrancar las plantas, conviene cortar las ramas con las flores a unas dimensiones adecuadas, normalmente no más de 12 pulgadas [30 cm].

Primero cortamos las hojas grandes, y luego las pequeñas. Para este proceso, es conveniente emplear unas tijeras cómodas.

Hemos acabado la manicura. Todas las hojas grandes han sido eliminadas, dejando solo las zonas ricas en glándulas.

Un cogollo antes y después de la manicura.

Curado y secado

Una vez hemos cortado las plantas, estén manicuradas o no, se curan y se secan.

Curado

El curado da tiempo a las células para transformar el almidón en azúcar. Así obtendremos un sabor más agradable. Para un curado lento, situaremos las plantas en un lugar ventilado, fresco y oscuro, durante dos o tres días. Este lugar ha de hallarse a una temperatura comprendida entre 60 y 65 °F [15,5-18 °C, aprox.] para un resultado óptimo, pero vale con la temperatura ambiente de cualquier habitación. Puede ser un armario, bajo una escalera, una despensa, ático o sótano. Básicamente, cualquier sitio que pueda reunir estas condiciones. Podemos trasladar temporalmente el ionizador del área de crecimiento vegetativo al secadero, ya que las plantas en crecimiento apenas huelen durante las primeras dos semanas.

Secado

Después de tres días, hay que subir la temperatura a unos 75 °F [24 °C] y reducir la humedad de un 50 % a un 30 % mediante un deshumidificador. El cogollo estará listo para fumar en unos pocos días. Cuando el cogollo está ya crujiente y las ramas aún están ligeramente húmedas, podemos dar por completo el secado.

Estas plantas están ya casi secas. Nótese que sólo la mitad de los cogollos están manicurados, ya que la manicura se va haciendo a medida que se van secando.

Un ejemplar de Jack Herer seco. Una feliz fumada.

Almacenamiento

NO

SI

Las bolsas de plástico con cierre hermético son lo peorcito para almacenar la marihuana. Cuando la guardamos en estas bolsas, las glándulas abandonan el cogollo para pegarse al plástico a causa de la electrostática, sin recuperación posible.

Los botes de cristal y las latas son los mejores contenedores. Para almacenar la hierba durante largos periodos, guardaremos los cogollos en botes de cristal, lata hermética o caja de plástico duro, y los meteremos al congelador.

Sexta fase

Limpieza y vuelta a empezar

Limpieza

Más vale prevenir que curar. Eliminar los posibles gérmenes patógenos y mantener limpio el lugar reduce al mínimo las posibles infecciones. Los jardineros listos hacen caso al consejo materno: limpiar el lugar tras limpiarse ellos mismos, y asegurarse de mantener el sitio aseado. Limpiar el lugar es como hacer una limpieza de primavera. Es algo más que el mantenimiento rutinario. Se trata de eliminar los restos y prevenir las infecciones. Podemos hacerlo empleando agentes esterilizadores, como agua oxigenada. A la vez, debemos limpiar todo el espacio; esto es, debemos lavar las paredes, renovar o repintar el material reflectante, y quitar polvo y mugre de focos y reflectores. Esto último es muy importante, pues se pierde una gran cantidad de luz debido a la suciedad en focos reflectores y materiales reflectantes.

Limpieza del jardín orgánico

Quitamos la tierra de las macetas. Lavamos entonces las mismas con una solución de agua y agua oxigenada. Limpiamos las superficies con esta solución de agua oxigenada todo lo necesario. Esto esterilizará las superficies.

Barreremos y fregaremos el suelo al máximo.

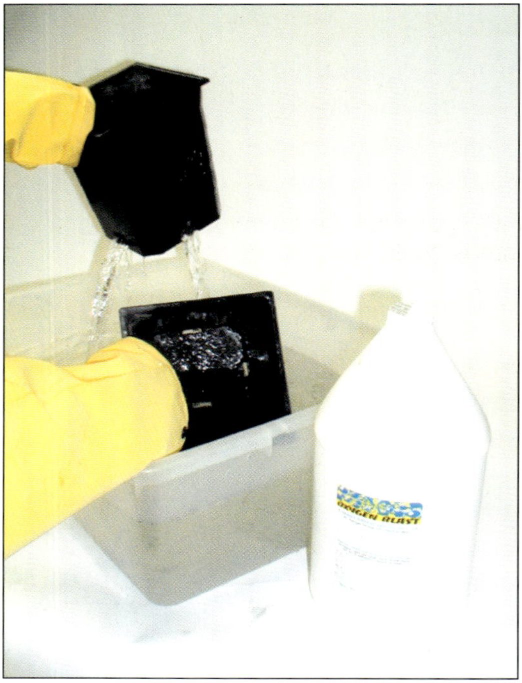

Nota:
No debemos reutilizar la tierra. Esto disminuiría la cosecha. Podemos emplearla en otras plantas, o en el jardín. Los guijarros, obviamente, sí que se pueden reutilizar.

Limpieza del jardín hidropónico

Si habíamos usado tierra, debemos quitarla de las macetas y lavar éstas con una solución de agua oxigenada en agua.

Si habíamos empleado guijarros, los sumergimos en una solución de agua oxigenada y eliminamos cualquier resto de raíces.

Sumergimos las bandejas en una solución de agua oxigenada.

Eliminamos el agua del sistema. Este agua, que estaba enriquecida con nutrientes, la podemos reutilizar en nuestras plantas domésticas o jardín exterior.

Si habíamos empleado el método de la mecha, limpiamos las mechas a mano con una solución de agua oxigenada.

Solución de agua oxigenada:

3 tazas de agua oxigenada al 3 % en un galón [3,8 litros] de agua
o
1 taza de agua oxigenada al 10 % en un galón de agua.

Al emplear soluciones de agua oxigenada, se emplean siempre guantes de goma, pues el contacto prolongado con estas soluciones es muy perjudicial para la piel. El agua oxigenada mata los gérmenes, no deja residuos y no necesita ser enjuagada después de cada aplicación. Es segura, barata y fácil de conseguir.

Vuelta a empezar

Al final del estadio del crecimiento vegetativo, cuando cortamos los primeros esquejes, empezamos de nuevo el proceso. Cada planta es una prueba, y se toman esquejes de cada una de ellas, de manera que podamos replantar las mejores. Estos clones pueden constituir la próxima cosecha o dar lugar a plantas madre. Haremos los clones de la siguiente manera.

Producción de clones

1) Esta planta que está a punto de ser cortada ha estado en crecimiento vegetativo. Las ramas que cortamos darán lugar a nuevas plantas.

2) Se pueden usar para hacer un clon la mayoría de las plantas que tienen una hoja nueva en el extremo. Primero cortamos las ramas que surgen de la rama principal.

3) Limpiamos la rama de todo material vegetativo sobrante. Como no tiene raíces, mantener la mayoría de las hojitas lastraría al tallo que intenta captar agua.

4) Alineamos los clones por el extremo de sus hojas finales. Cortamos entonces los tallos a una longitud uniforme con una cuchilla esterilizada y bien afilada. Podemos esterilizarla con alcohol de 96º.

5) Sumergimos los esquejes en la solución de clonación durante 15 a 30 segundos. Podemos encontrar esta solución en tiendas de jardinería y viveros.

6) Colocamos los esquejes en una bandeja Oasis™, sumergida en una solución de crecimiento débil (fertilizante de crecimiento a un cuarto de potencia). Metemos los clones en los agujeros hasta apretarlos contra el fondo, y entonces cerramos el agujero con los dedos. Cada grupo de clones y sus correspondientes plantas han de etiquetarse para una fácil identificación.

7) Tapamos la bandeja con una cubierta de plástico transparente. Colocamos esta bandeja sobre otra que no tenga agujeros, de manera que se mantenga la humedad.

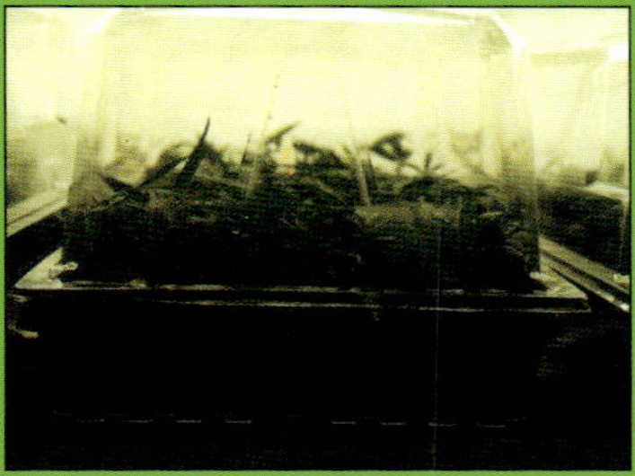

8) Colocamos un fluorescente por cada bandeja de 10 × 20 pulgadas [25 × 50 cm]. Regamos los esquejes después de 3 días.

9) Quitamos la cubierta al cabo de aproximadamente una semana. Entonces regamos al máximo la bandeja Oasis, hasta saturarla, una vez al día.

10) Los esquejes están listos para ser trasplantados cuando las raíces atraviesan el fondo, entre 10 días y 2 semanas después del inicio.

Producción de madres

Hacemos madres para facilitar el principio del cultivo, proveyéndonos de una fuente de esquejes. Cada planta madre ha sido escogida a causa de la calidad superior demostrada por la planta de origen. Se mantienen en constante crecimiento vegetativo, de manera que podamos tomar clones en cualquier momento. Estas madres pueden estar en crecimiento contínuo durante años.

El proceso comienza cortando esquejes de todas las plantas iniciales. Enraizamos estos esquejes y los mantenemos en crecimiento vegetativo. Pondremos etiquetas tanto a las plantas originales como a los esquejes. Arrancaremos los machos en cuanto se identifiquen. Meses más tarde, cuando catemos los cogollos, seleccionaremos los clones que nos interesen para madres.

Cada vez que podemos a la madre para hacer esquejes, ésta dará origen a nuevas ramas.

Apéndice

1. Mejorando la plantación

Bombona de carbónico

Abastecimiento de CO_2

_____Bombona de carbónico
_____Válvula y regulador
_____Medidor de carbónico
_____Temporizador adicional

Añadiendo CO_2

El dióxido de carbono, o anhídrido carbónico, es un gas incoloro e inodoro que se encuentra normalmente en el aire en una proporción de unas 350 partes por millón (ppm). No es tóxico ni inflamable. Lo emplean las plantas para la fotosíntesis. Cuando las plantas crecen bajo una luz intensa y en una atmósfera enriquecida por CO_2, lo hacen a una velocidad mayor, produciendo una cosecha más abundante.
Podemos aumentar el dióxido de carbono de una habitación empleando una bombona de carbónico, un regulador y un medidor de carbónico. Si aumentamos el CO_2 en la habitación, incrementaremos nuestra cosecha en un 15 a 30 %. Podemos aumentar también la temperatura de la habitación a unos 80 °F [27 °C] sin ralentizar el crecimiento.
El medidor evalúa las partes por millón de CO_2 en el aire. Cuando el nivel cae por debajo de las 1.500-2.000 ppm, el medidor conecta un interruptor y el carbónico fluye a la habitación.

Trucos con el carbónico:

1) La válvula de CO_2 debe estar conectada también a un temporizador, ya que de noche las plantas no emplean carbónico.
2) El carbónico es más frío y pesado que el aire de la habitación, por lo que debe ser emitido desde un punto por encima de las plantas.
3) El medidor ha de instalarse a la altura de las plantas, para que así de una medida más próxima a la realidad del entorno de la planta.
4) En EE.UU., las bombonas de carbónico se venden en formatos de 20 y 50 libras de gas [9 y 23 kg]. La de 20 libras, llena, pesa 50. La de 50 resulta demasiado pesada.
5) No hace falta subir la bombona por escaleras. Basta con montar un adecuado sistema de tuberías para conectarla a la habitación.

Un equipo de carbónico es un poco caro de instalar; en cualquier caso, cuesta muy poco de mantener y dura mucho. Se pueden encontrar instalaciones de carbónico en muchas tiendas de jardinería de interior, además de en internet, y vienen con las instrucciones de instalación.

2. Problemas con las semillas y los esquejes

Déficit de luz

Las semillas no germinan

El medio de plantación debe permanecer húmedo durante la germinación. Si se le han dado a las semillas las condiciones apropiadas y no germinan, es que estaban muertas.

Mueren los clones o los tallos se ponen mohosos

Esto está causado por un infección bacteriana. Para cuando nos demos cuenta, tenemos un elevado porcentaje de posibilidades de que mueran la mayoría de las plantas. Un exceso de humedad y/o acidez facilitan las infecciones. Para prevenirlas, hay que elevar el pH una o dos décimas, y subir la intensidad de la luz.

Los esquejes no enraízan

Esto indica que alguna condición del entorno no es la correcta. Una posibilidad es que la solución en que sumergimos los clones estuviera demasiado concentrada. Esto genera nudos en lugar de raíces. Si el tallo se seca o languidece en su cubo, puede que no haya hecho contacto debidamente con el fondo, o que se seque demasiado el cubo entre riego y riego. Si las hojas o el tallo viran a verde pálido, amarillo o púrpura, tenemos alguna deficiencia de nutrientes.

Plantas escuálidas

La luz es insuficiente. O hay demasiadas plantas para el espacio de que disponemos, o no tenemos suficiente luz.

3. Problemas causados por las condiciones externas

Exceso de fertilizantes

Desequilibrios en el pH, por exceso (ácido) o defecto (alcalino)

Si las plantas no crecen, la causa puede ser fácilmente que el pH no está entre 6,1-6,4, ya que fuera de este margen, la planta no puede captar algunos nutrientes. Hay reguladores de pH que nos permiten ajustar la solución nutriente al nivel adecuado.

Agua: Exceso y defecto de riego

Si regamos demasiado nuestras plantas, las veremos marchitarse. Si no corregimos la situación, la planta podría morir al cabo de horas. No debemos añadir fertilizantes al agua cuando vemos así a las plantas.
Las plantas en suelos duros y las que están excesivamente regadas pierden su brillo y sus hojas languidecen, especialmente en las puntas. La solución es obvia: regar con menor frecuencia.

Problemas de temperatura: Demasiado calor o demasiado frío

Si hace demasiado frío, las plantas crecen más lentamente. Si se les ha sometido a temperaturas bajas, pueden tardar varios días a recuperarse hasta iniciar de nuevo el crecimiento. Las plantas sometidas a temperaturas demasiado altas tienden a correr; esto es, a formar cogollos escuálidos en tallos alargados.

Iluminación: Plantas excesivamente o poco iluminadas

Las plantas sobreiluminadas son escuálidas y se estiran hacia la luz. El crecimiento de los cogollos es menor. Dar excesiva luz a una planta es contraproducente. El principal problema es que el calor procedente del foco puede quemar o prolongar el crecimiento. Una solución es emplear un foco refrigerado por aire.

4. Deficiencias nutricias más comunes

Déficit de magnesio

Déficit de nitrógeno (N)

Las hojas amarillean, empezando por la base y acabando por la punta, a medida que el nitrógeno se dirige a zonas de crecimiento. Los tallos se pueden volver púrpuras. Una solución es emplear un fertilizante con una mayor concentración en nitrógeno.

Déficit de fósforo (P)

Durante el crecimiento vegetativo, las hojas presentan un color verde oscuro y son más pequeñas de lo habitual, y el tallo muestra un color rojizo. En la floración, las flores son pequeñas y se retrasa la maduración. Una solución es conseguir un fertilizante con mayor contenido en fósforo.

Déficit de potasio (K)

Las hojas de la planta, especialmente en áreas de crecimiento, presentan un color verde pálido. Las hojas de las punta mueren, aparecen zonas necrosadas en las hojas, se desarrollan tallos débiles... Una solución es conseguir un fertilizante con mayor contenido en potasio.

Déficit de magnesio (Mg)

Se nota por el amarilleamiento de las zonas de las hojas situadas entre las venas radiales, un crecimiento lento y un menor tamaño de las zonas en crecimiento. Una cucharada por galón [3,785 litros] de sulfato de magnesio diluida en la solución nutriente y una disolución de similar concentración espolvoreada por las hojas nos servirá para solucionar este problema.

Déficit de zinc (Zn)

La planta crece retorcida y con nudos. Pulverizamos una solución micronutriente de hierro, zinc y manganeso sobre las plantas y la añadimos igualmente a la solución de agua nutriente. Con esto habremos solucionado el problema.

5. Plagas más comunes

Ácaros

Áfidos

Los áfidos miden un dieciseisavo de pulgada [unos 15 mm], tienen forma de pera, y presentan una amplia variedad de colores. Chupan los jugos de la planta y se multiplican con rapidez. Podemos pulverizarlos con piretrina orgánica o con aceite de nim. El Botanigard®, un hongo que ataca los insectos, es también muy efectivo.

Mosca blanca

La mosca blanca es una especie de diminuta mosquita de un dieciseisavo de pulgada [unos 0,15 mm], de dicho color. Se las ve revoloteando alrededor de la planta cuando las movemos. Son fáciles de controlar usando piretrina, pero también se las puede eliminar empleando la diminuta avispa solitaria *Encarsia Formosa*, que deja sus huevos en las pupas de la mosca y se puede conseguir por internet.

Ácaros

Antes de que veamos un ácaro, habremos visto sus efectos. Los ácaros originan pequeños puntos en las hojas, rodeados de tejido amarillento o muerto. Estos diminutos arácnidos, parientes de las arañas, son una plaga para los jardines de interior y deben ser inmediatamente eliminados usando aceite de nim o Cinnamite®, un derivado de la canela. Estas plagas son frecuentemente inmunes a la piretrina.

Mosquitos de los hongos

Los mosquitos de los hongos son diminutos mosquitos que están normalmente en las proximidades de las hojas inferiores y del sustrato de plantación. Transmiten enfermedades. Los benéficos nematodos, que sumergiremos en el sustrato, se comen sus pupas, que se alimentan de los desechos de las plantas que hay bajo la superficie del susodicho sustrato.

Tisanuros

Los tisanuros son tan pequeños que no se pueden ver nunca. De cualquier manera, sus destrozos se extienden por todo el tejido de las hojas, maltratadas por sus heces, que son más notorias. Se pueden controlar con un vaporizador de piretrina, pero se pueden eliminar del todo empleando nematodos y pequeños chinches pirata. Los nematodos se comen las larvas, y los chinches pirata cazan a los adultos.